Bibliografische Information der Deutschen Nationalbibliothek
Die Deutsche Nationalbibliothek verzeichnet diese Publikation in der Deutschen Nationalbibliografie; detaillierte bibliografische Daten sind im Internet über http://dnb.d-nb.de abrufbar.

Das Gesamtprogramm von Butzon & Bercker finden Sie im Internet unter **www.bube.de**

FSC www.fsc.org
MIX
Papier | Fördert gute Waldnutzung
FSC® C100431

ISBN 978-3-7666-3719-2

Umschlaggestaltung, Layout und Satz: Werner Dennesen, Kevelaer

Bastian Rütten

Was mein Herz erwärmt

Wohlfühlgedanken für die Weihnachtszeit

Butzon & Bercker

Inhalt

Herzenswärme 8
Vor der Zeit. 10
Elisabeth und das Glück 12
Wenn es kälter wird 15
Krapfentag 16
Himmlische Alltäglichkeit. 18
Spielfreude 21
Lichtvermehrer 22
In der Waffelbäckerei 24
Mehr als nur ein Stiefel 26
Eine Prise Mozart 28
Winterleckerei 30
Märchenwelten 34

Rauchschwaden 37
Kinder des Lichts 38
Ich-bei-mir-Zeit 42
Eine Reise in die Vergangenheit 45
Blütenwunder 46
Mal wieder etwas zum Blühen bringen 48
Winterbesuche 51
Taschenwärmer 52
Lebensworte 54
Genussmomente 57
Staunen und Freuen 58
Lieblingssocken 60
Gemütliche Regentage 63
Winterluft 64

Bitte ~~nicht~~ stören! 66
Nächstenliebe 69
Die kleinen Dinge 70
Hände frei! Licht an! 72
Musikalisches Vergnügen 75
Wunschzettel 76
Eine kleine Teezeremonie 80
Summen und singen 83
Einfach mal so dasitzen 84
Unter dem Mistelzweig 86
Winter-Entdecker 89
O du schöne Plätzchenzeit 90
Glanzvolle Alltagshelfer 92

Sinnesfeuerwerk 95
Hoffnung kochen 96
Zeit für Geschichten 98
Immergrün 100
Bauvorhaben 102
Etwas aufsteigen lassen 104
Segen teilen 108
Weihrauchwunder 110
Das Vergangene und das Neue 114
Lachschaden 118
Dem guten Stern folgen 121
Energie-Nachschub 122

Herzenswärme

Herzenswärme – wann kommt uns dieses Wort leichter über die Lippen als in der Weihnachts- und Winterzeit? Wenn es dunkel und kalt wird, werden wir lichtverliebt. Wir schmücken unsere Häuser und Wohnungen und hüllen sie in warmes Licht. Wir halten der Dunkelheit vor der Türe die Kerzen und Lichter entgegen. Das flackernde Feuer in unseren Kaminen wärmt nicht nur den Raum, sondern vor allem die Herzen. So kommt die Winterzeit mit ihren Ritualen und der Zeit zum Müßiggang gerade richtig. Lassen wir uns das – und zwar im wahrsten Sinne des Wortes – zu Herzen gehen.

NUN IST ES ZEIT,
DIE WÄRMESPEICHER IN UNS
WIEDER AUFZUFÜLLEN.

Was zu Herzen geht:

EIN WORT,
EIN LACHEN,
EIN WUNSCH,
EIN SONNENSTRAHL.

Und die Aussage der Weihnacht:

Du darfst Mensch sein!

Vor der Zeit

Eigentlich regt es mich auf, wenn schon im Oktober die Regale der Supermärkte voll sind mit Weihnachtsleckereien. Ich bin da zwar nicht dogmatisch, aber ich finde: alles zu seiner Zeit. In einer Sache mache ich aber eine Ausnahme. Anfang November steht das Backen des Christstollens an. Dieses wunderbare und gehaltvolle Süßgebäck gehört für mich zu Weihnachten dazu. Wer etwas Ahnung von Stollen hat, der weiß, dass er überhaupt nicht schmeckt, wenn er nicht lange genug geruht hat. Es hilft also nichts! Wer an Weihnachten Stollen schlemmen will, der sollte weit vor der ersten Adventswoche mit der Weihnachtsbäckerei beginnen.

Manche Dinge brauchen ihre Zeit, das stimmt.

Aber wieder andere Dinge brauchen, um wirklich gut zu werden, ihre Vorbereitung. So ist das mit dem Stollen. Seitdem ich ihn backe (und das stets im November), bin ich etwas gnädiger mit den Supermarktangeboten geworden. Marzipankartoffeln und Printen, Dominosteine und Zimtsterne kommen deshalb trotzdem vor Dezember nicht in meinen Einkaufskorb. Ich nutze aber den frühen Winter, um mich gut auf einen besonderen Winterhöhepunkt vorzubereiten: das Weihnachtsfest. Dann wird der Stollen feierlich angeschnitten, der nicht halb so gut schmeckte, wenn er frisch gebacken wäre. Es kommt halt aufs Timing an.

Elisabeth und das Glück

Am 19. November haben alle, die Elisabeth heißen und es feiern, alljährlich Namenstag. Wir erinnern uns an diesem Datum an Elisabeth von Thüringen, die Teile ihres Lebens auf der Wartburg verbrachte. Eigentlich war für sie alles klar. Hineingeboren in den Adel und entsprechend gut aufgestellt, hatte sie im Prinzip nur zu tun, was man von ihr erwartete. Aber genau das machte sie unglücklich. Sie schoss also quer im System und begann sich um die einfachen Menschen und ihre Sorgen und Nöte zu kümmern. Das passte natürlich einigen Menschen aus ihrem Umfeld überhaupt nicht. Aber sie zog es durch. So fand sie ihr Glück in den kleinen und hilfreichen Dingen, die sie für andere tat.

Anleitung,

wie man das Glück in kleinen Dingen findet:

- In eine Pfütze springen.
- Rückwärts laufen.
- Handstand machen.
- Heißen Kakao trinken.
- Lachen, am besten mit lieben Menschen.
- Kaugummiblasen machen (und zerplatzen lassen).
- Lieblingslieder hören (und mitsingen).
- Mindestens vier weitere dieser Dinge suchen, finden und MACHEN!

Wenn dein Ofen brennt
und das Feuer lodert.
Wenn du deine Lieblingstasse
mit heißem Tee in der Hand hältst.
Wenn deine gute Stube im Haus
und die gute Stube im Herzen erwärmt sind:
Dann lade dir die Herzensmenschen ein,
die dein Leben bereichern.

TEILE WÄRME.
SIE VERDOPPELT SICH.

Ganz sicher!

Wenn es kälter wird ...

... ist es wieder Zeit für unseren Kaminofen. Im Frühjahr wurde er eingemottet und zuvor gründlich gereinigt: die Asche entfernt, die Glasscheibe geputzt. So war er in den letzten Monaten nur Beiwerk in der Ecke des Raumes. Nun wird er wieder gebraucht.
Jetzt macht sich bezahlt, dass man im Sommer (wo man ja eigentlich keine Lust auf die Holzstapel hatte) die Ärmel hochgekrempelt hat. Sägen, spalten, stapeln. Vielleicht gilt das auch im Übertragenen? Mag sein! In der kahlen und kalten Zeit erfreut und wärmt mich mein „Erarbeitetes". Das gilt für das Brennholz, aber auch für so viele Freundschaften und Erlebnisse, die mich im Winter wärmen.

Krapfentag

Am 2. Dezember wird in den USA in jedem Jahr der sogenannte Nationaltag der Krapfen begangen. Verrückt, die Amerikaner, oder? Der Begriff Krapfen wird ja regional recht anders verwendet und auch das, was wir unter Krapfen verstehen, ist höchst verschieden. Es geht jedenfalls um ein frittiertes Teiggebäck mit oder ohne Füllung. In meiner Heimat am Niederrhein heißt der Krapfen, oder zumindest das Fettgebäck, Püfferken. Wahlweise gibt es diese Püfferkes mit Rosinen oder mit Apfelstücken. An Sankt Martin sind sie ein Muss, schmecken aber auch schon vorher und nachher.

Ich verbinde mit dem Geruch
dieser leckeren Nascherei
das Gefühl vom sich
einstellenden Winter.

Wenn die goldenen Blätter sich langsam von den Ästen lösen, stellen wir die ersten Lichter gegen die Dunkelheit auf. Die Outdoorzeit im Garten ist beendet.

DA IST SO EIN KRAPFEN DER RICHTIGE ANLASS, DIE GEMÜTLICHE ZEIT EINZULÄUTEN UND DIESE KRAPFEN ZU TEILEN.

Teilen war übrigens auch die Botschaft vom heiligen Martin. Vielleicht füllen wir einfach mal einen Topf mit Fett und frittieren etwas. Danach stinken zwar alle Klamotten und die ganze Wohnung ... aber es erfreut den Magen und das Herz der Menschen.

Himmlische Alltäglichkeit

Es ist Advent. Erste Einkäufe in überfüllten Straßen einer Stadt. Die Hintergrundmusik im Kaufhaus spielt: „Vom Himmel hoch, da komm ich her".
Ich denke bei mir: Die wichtigsten Geschenke kommen ja vom „Himmel hoch" – nicht nur das Christkind. Und dann geht es mir auf: Wie viel „Himmlisches" es doch gibt in meiner Alltäglichkeit. Das Lied endet gerade recht: „Davon ich sing'n und sagen will" – HIMMLISCH!

Vom Himmel geschenkt:

Die Menschen, die ich liebe.
Der Wald, in dem ich Ruhe finde.
Der Wintersonnenaufgang,
der mir neue Lust auf Anfang macht.
Das Leben, das so zerbrechlich
und doch wundervoll ist.

Dem Himmel sei Dank!

Spiel mit

IM SPIEL DES LEBENS.
SETZE DICH EIN!
SETZE ETWAS EIN!

Freu dich an Erfolgen!

ÜBE DICH EIN INS GÖNNEN!

**Verliere
die Freude nicht.**

Spielfreude

Winterzeit ist Spielezeit. Ob man Brettspiele mag, ist jedem selbst überlassen. Aber kaum eine andere Zeit lädt so dazu ein, zum Spieler zu werden, wie es der Winter tut. In der Regel siegen dann sowieso die Klassiker. Die Regeln sitzen oft seit Jahrzehnten: „Mensch ärgere dich nicht", „Mühle" und Co. sind einfach Spiele, die laufen. Am Ende packt sie einen dann doch: die Spielfreude. Ob ich ein guter Verlierer bin? Ob es mir guttut, zu gewinnen? Im Spiel kann ich es immer wieder ausprobieren. Im Winter mag ich hier und da verspielt sein. Das tut gut!

Lichtvermehrer

Früher, so war es der Brauch, hatte der Adventskranz 24 Kerzen. Tag für Tag wurde eine weitere Kerze entzündet und es wurde immer heller … bis endlich Weihnachten war. Mit der Zeit wurde der grüne Kranz – wie auch immer er gestaltet ist – nur noch mit vier Kerzen bestückt. Die vier Sonntage im Advent standen und stehen nun im Mittelpunkt. Ich muss zugeben: Jeden Tag hätte ich wahrscheinlich weder Zeit noch Lust, das Kerzenritual zu zelebrieren. Aber an den vier Sonntagen ist es ein absolutes Muss.

Zum einen hilft es beim Warten ganz gut und beruhigt obendrein. Zum anderen hilft es mir aber auch, die Woche zu strukturieren. Der Sonntag wird auf einmal das Ziel der ganzen Woche. „So war er doch eigentlich mal gedacht, oder?", denke ich bei mir. Stimmt! Der Sonntag ist der erste Tag der Woche, den die meisten von uns als freien Tag genießen können.

**Wir starten –
besonders im Advent –
mit Licht und Freude.**

Das ist die Lektion des Kranzes und gilt für alle Sonntage des Jahres.

In der Waffelbäckerei

Waffeln, so finde ich, passen am besten in die kalte Jahreszeit. Ob man sie pur isst, mit Puderzucker oder mit Eis und heißen Kirschen, das muss jeder selbst wissen. Ich persönlich bin kein großer Bäcker. Ich koche gern! Das Vermischen von Eiern, Butter, Mehl und Milch bereitet mir hingegen weniger Freude. Bei Waffeln ist das jedoch anders. Der Teig ist einfach und schnell gemacht. Das Backergebnis liegt dann ruckzuck auf dem Teller beziehungsweise im Magen. Waffeln backen, das hat für mich auch mit Erinnerungen zu tun. In meiner Kindheit war es an manchem Regentag die Rettung vor dem Versinken in endloser Langeweile. Eine Stunde in der Waffelbäckerei gönne ich mir bis heute immer wieder mal. Wenn ich dann beim Genießen die Augen schließe, schmeckt es nach mehr. Ich erinnere mich an den Geschmack meiner Kindheit.

Ich kann manchmal
die Liebe noch schmecken.
Die Liebe meiner Eltern und Großeltern.
Und dann schmecke ich, wie es war:

Nach Hause kommen.
Geborgen sein.
Geliebt werden.

Dann schlucke ich kurz und halte inne.

Und danach schmeckt es doppelt so gut.

Mehr als nur ein Stiefel

Wenn die dunkle Jahreszeit da ist und der Advent begonnen hat, packt mich diese Rückbesinnung jedes Jahr aufs Neue. Der Geruch von Zimt und Räucherkegeln, Apfelsinen und Gebäck entführt mich in die Tage meiner Kindheit. Viele Erinnerungen werden wach an das „Damals" und den Advent vergangener Tage. Menschen kommen mir in den Sinn, die mein Leben ausmachen und wertvoll sein lassen – oft über ihr eigenes Erdenleben hinaus. Und dann sehne ich mich danach, diese Tage noch einmal so unbeschwert und voller ehrlicher Freude erleben zu dürfen.

Ich möchte am Vorabend des 6. Dezember meine schönsten Schuhe hervorholen. Ich will sie sorgfältig putzen und mir einen Ort suchen, an dem sie gut und sichtbar aufgestellt sind.

Ich möchte eine solche Nacht erleben, voll von Aufregung und Erwartung.

Und dann: morgens aufwachen. Vorsichtig den Weg zur Tür gehen und es sehen: Er war da! Nüsse, Schokolade, ein kleines Buch oder warme Socken liegen in den blank gewienerten Schuhen. Und dann muss ich mich jedes Jahr zusammenreißen, dass mich am Nikolausabend nicht die Melancholie überwältigt.

Eine Prise Mozart

Wenn die Engel im Himmel Musik machen, dann spielen sie Mozart. So sagt es ein Sprichwort. Ob man ihn mag, den musikalischen Wunderknaben, das muss jeder selber entscheiden. Ich finde, dass manchmal eine Prise Mozart guttut. Oft ist es seine Leichtigkeit, die mir gefällt. Er lässt für mich beruhigende Klarinetten erklingen. Das Horn triumphiert in seinen Stücken und die Streicher streicheln quasi meine Seele. Ein Stück Himmel auf Erden kann man sich also erhören. Das ist nicht unerhört, sondern wunderbar hör-bar.

OHRENSCHMAUS ALS SEELENBALSAM.
DAS REZEPT FÜR GRAUE WINTERTAGE.

Winterleckerei

Es muss ein mehliger Apfel sein, finde ich. Und hinein gehören nach altem Rezept Marzipan, Rosinen und natürlich Zimt und Zucker … manchmal schmeckt er auch mit Honig gut. Der Bratapfel ist ein winterliches Sonntagsritual bei uns. Sein Duft ist einmalig. Schon unglaublich, so denke ich bei mir, was man aus den guten Gaben von Mutter Natur so alles zaubern kann. Noch im frühen Herbst haben wir an Erntedank für die Ernte des Jahres gedankt.

AM BRATAPFEL IM WINTER
ZEIGT SICH, WIE EXISTENZIELL WICHTIG
DIESE DANKBARKEIT IST.

Der Apfel, wenn er denn dampfend aus dem Ofen kommt, erinnert mich an eine Grundhaltung der Dankbarkeit. Was im Jahreslauf gilt, gilt eben auch für mein Leben. Wir leben im kargen Winter von dem Glanz, den wir im Frühjahr säen, über den Sommer pflegen und im Herbst ernten. Das alles zahlt sich im Winter aus. So will ich auch mein Leben gestalten, um im Winter meines Lebens aus dem Vollen schöpfen zu können.

Du zahlst zeitlebens ein.

Du säst und pflegst,
du gießt und hegst:

FREUNDE,
FAMILIE,
ERLEBNISSE,
ERFAHRUNGEN.

Am Ende, wenn es Herbst wird,
kannst du davon leben.

Das bedeutet

„GESEGNETES ALTER“

eigentlich.

Das schmeckt wahrscheinlich

wunderbar.

Märchenwelten

Der Winter ist voll von Märchen und Geschichten. Es ist Vorlesezeit und in den Fernsehprogrammen gibt es dann nicht nur am Sonntag oft einen Märchenfilm zu sehen. Wir tauchen ein in die Welt vom „Gestiefelten Kater", von „Hans im Glück", „Aschenputtel" und „König Drosselbart". Ich lasse mich gerne entführen in diese Märchenwelten. Sie zeigen mir eine Welt, die so nicht ist. Sie zeigen mir aber auch oft, wie diese Welt sein könnte. Ich träume mich zurück in frühe Kindertage, die wohlbehütet waren. In dieser Zeit, da schien mir alles möglich und keine Hürde zu groß. Ich hatte Mut, Kraft und Freude für zwei. Und beim Abspann des Märchens frage ich mich: Wann ist das verloren gegangen? Und wie finde ich das wieder? Ich werde zuallererst mal ein Märchen lesen. Vielleicht klappt es ja.

Halte dich an deine Träume.

Sie haben oft das Zeug,
deine neue Realität zu werden.
Suche die WORTE,
die du noch nicht ausgesprochen hast.
Sie könnten die RÄUME öffnen,
die du bisher nicht kanntest.
Und wenn du noch nicht gestorben bist,
könntest du doch versuchen,
HEUTE aus beidem zu leben.

Trainiere deine Sinne.

Gönne dir:

JEDEN TAG EIN UNGEWOHNTES GERÄUSCH.
EIN NICHT-ALLTÄGLICHES GEFÜHL.
EINEN SCHÖNEN ANBLICK.
EINEN AUSGEFALLENEN GESCHMACK.

Das ist sinn-voll.

Rauchschwaden

Hast du ein Räuchermännchen? Seit Kindertagen sind mir diese kleinen Männlein bekannt. Was für ein Ritual: die Schachtel mit den Rauchkegeln zu öffnen und einen Kegel mit einem Zündholz zu entzünden. Der Wohnraum meines Alltages duftet auf einmal wunderbar. Ob Tanne, Weihrauch, Zimt ... es tut gut, wenn meine Sinne ab und zu erinnert werden, dass nicht alles „Einheitsbrei" ist im Leben. Und dann dürfen die Gedanken spazieren gehen. Ich sitze da und sehe einfach nur zu. Der Rauchschwaden zieht langsam in Richtung Decke. Der Duft breitet sich aus und alles ist – so scheint es – auf einmal anders.

Kinder des Lichts

„Wir zünden froh die Kerzen an“ ... so heißt es in einem kirchlichen Lied. Manchmal ist es einzig und allein das Licht einer kleinen Kerze, das wir der Finsternis entgegenhalten können. Wir Menschen sind seit jeher am Licht orientiert. Dunkelheit macht uns Angst. Das ist seit Kindertagen so. Als kleines Kind haben wir die Eltern gebeten: „Lass die Tür einen Spalt auf!“ Wir brauchen das Licht zur Orientierung. Es ist lebensnotwendig für uns. Wenn die dunkle Jahreszeit kommt, dann fangen wir an, unsere Häuser und Wohnungen, unsere Straßen und Orte in Lichtermeere zu verwandeln. Was für ein schönes Zeichen.

Wir stellen das Licht den Nächten und Finsternissen entgegen. Auch in unseren ganz alltäglichen Finsternis-Momenten kann es für uns so einfach sein.

EINE KURZE ZEIT DER STILLE. EIN MOMENT, UM DIE GEDANKEN ZU SORTIEREN.

Dann eine kleine Kerze anzünden und sehen: Das Licht dieser einen Kerze reicht aus, um es um uns herum hell zu machen. Dieses Ritual ist zu wiederholen ... wann immer es uns guttut. Wir sind halt Kinder des Lichts. Egal, wie alt wir sind!

Lichtexperiment

Sammle dich.
Sammle deine Gedanken,
deine Sorgen und Ängste.

ATME EIN!
ATME AUS!

Nimm die Streichhölzer und
entzünde die Kerze.

ES HAT KRAFT,
DIESES KLEINE LICHT.

Du hast es angezündet und
ihm diese Kraft gegeben.

Und jetzt darfst du es ansehen und

GENIESSEN.

Das kleine Licht hat mehr Recht
als alle deine Dunkelheiten!

Tröstlich!

Ich-bei-mir-Zeit

Der Winter ist nicht allein die Zeit des Advents. Er ist die Zeit, um sich Zeit zu nehmen, in vielerlei Hinsicht. Sich Zeit nehmen, das bedeutet auch mitunter, sich Zeit für sich selbst zu verordnen. „Tu deinem Körper etwas Gutes, damit deine Seele gerne drin wohnt!“, so hat einmal Teresa von Avila gesagt. Also gut: Allein in den eigenen vier Wänden, ohne Ablenkung, könnte sie beginnen, die „IBM-Zeit“ – also die „Ich-bei-mir-Zeit“.
Handy aus. Keine E-Mails, keine Telefonate, keine Nachrichten. Nur ich! Ob ich das aushalte? Es wäre einen Versuch wert. Die heiße Badewanne, die gute Tasse Tee, ein paar Pralinen vielleicht, schöne Musik, die Lieblingsserie ... der Kreativität sind keine Grenzen gesetzt. Manchmal braucht es nur den ersten Schritt und die Entschlossenheit dazu. Ich bin überzeugt: Ich kann mich mir zumuten! Ich kann mich aushalten ... und zwar sehr gut. Und dann kann ich mir auch etwas Gutes tun.

Erst wenn es richtig ruhig ist, merke ich,
wie laut es sonst um mich ist.
Erst wenn es langweilig wird, merke ich,
wie überbeschäftigt ich sonst bin.
Erst wenn das Telefon schweigt,
merke ich, wie oft es klingelt.
Erst wenn ich keinen Bildschirm vor der Nase habe,
merke ich, wie fixiert ich darauf bin.
Der Stecker sollte
ab und zu gezogen werden.

DANN MERKE ICH:

Mich gibt es!
Und das ist gut!

Unser Leben ist verdankte Existenz.
Wir stehen auf den Fundamenten
unserer Vorfahren.

Was wir haben?

Geschenkt.

DARAUF DURFTEN WIR AUFBAUEN.
All das lohnt sich hier und da
vor Augen zu stellen.

Bildlich.

Eine Reise in die Vergangenheit

In Zeiten digitaler Fotos scheint das altmodische Fotoalbum fast aus der Mode gekommen. Umso besser tut es, an verregneten und kalten Tagen einmal auf die Suche nach den Familienalben zu gehen. Irgendwo auf dem Speicher oder weit hinten im Schrank versteckt müssen sie doch lagern. Die Alben mit den Bildern der Kindheit. Eine Reise in die Vergangenheit der Familie. Nicht selten kommt dabei Wehmut auf. Fast hatte man vergessen, wie süß die eigenen Kinder aussahen, die mittlerweile längst eigene Kinder haben. Oder: Man erinnert sich auf einmal blitzartig beim Blick auf ein Foto: So weich wie Mutters Hände hat sich seither nichts mehr angefühlt. Und nun ist sie schon drei Jahrzehnte tot. Winterzeit ist auch immer irgendwie melancholisch. Erst recht, wenn man mit traurigen Dingen konfrontiert wird. In alldem gilt es, um den Frühling zu wissen. All das, was werden konnte (auch man selbst), verdankt sich dem, was wir Vergangenheit nennen.

Blütenwunder

Wenn man mich Anfang Dezember, genauer am 4. dieses Monats, dem Fest der heiligen Barbara, mit der Astschere bewaffnet im Garten antrifft, dann liegt es nicht daran, dass ich etwa den Verstand verloren hätte. Ich bin Hobbygärtner genug, um zu wissen, dass man unter normalen Umständen in dieser Jahreszeit besser keine Sträucher und Bäume beschneidet. Doch die Zweige von Kirsch-, Apfel-, Birken-, Haselnuss-, Rosskastanien- oder Pflaumenbäumen sowie von Holunder-, Rotdorn- oder Forsythienbüschen wecken nun mein Interesse. Schneidet man diese ab und stellt sie drinnen in eine Vase mit Wasser, so tragen sie meistens am Weihnachtstag Blüten. Dieser Brauch soll an die heilige Barbara erinnern. Man erzählt sich, sie sei auf dem Weg ins Gefängnis mit ihrem Gewand an einem Zweig hängen geblieben. Sie habe ihn in Haft ins Wasser gestellt und er blühte, so die Legende, an ihrem Todestag.

Mit ein wenig vorgetäuschtem Frühling im warmen Haus gelingt es, die Natur zu überlisten. Es geschieht etwas, das man eigentlich für nicht machbar und unmöglich hielt: Im tiefsten Winter gibt es ein Blütenwunder! Ich beobachte das gerne und stelle mir innerlich vor, wie sich diese Zweige zutiefst wundern, was da auf einmal los ist. Könnten sie reden, vielleicht sagten sie dies: „Ich hatte mich eigentlich auf Stand-by eingerichtet – und nun so was?!"
Stand-by ... wenn ich darüber nachdenke, entdecke ich diesen Modus auch in mir sehr oft. Man hat sich eingerichtet im sogenannten „Business as usual" und spult sein Programm einfach ab. Es fällt kaum auf, was beiläufig dabei passiert: Viele Interessen, Fähigkeiten und Wünsche verkümmern in mir und irgendwann merke ich wahrscheinlich noch nicht mal mehr, dass es sie gibt. Es müsste einfach jemand kommen – bestenfalls völlig unangemeldet und ungelegen – und mich aus diesem Stand-by-Modus befreien.

DANN KÖNNTE
ETWAS AUFBLÜHEN.

Mal wieder etwas zum Blühen bringen

Man braucht nicht unbedingt einen eigenen Garten, noch nicht einmal Zweige. Das alles ist verzichtbar. Ich muss nur auf die Suche nach scheinbar Verdorrtem in meinem Leben gehen. Was hat sich in mir in einen Stand-by-Modus geschlichen? Unbemerkt. Still und heimlich. Es wäre doch gelacht, wenn man nicht einiges in sich wieder zum Blühen bringen könnte!

• Die Klaviernoten müssten doch irgendwo
auf dem Speicher liegen.
Mein Gott! Wie lange habe ich nicht mehr gespielt?
• Haben wir nicht ein Waffeleisen im Keller?
Waffeln mit Eis und heißen Kirschen ...
Und dann: Freunde einladen.
• Spazieren gehen, bis man müde ist,
und dann mit einem heißen Tee aufs Sofa.
• Statt Sachbüchern einen schönen Roman lesen.
• Cola-Kracher essen.
• Schaukeln.

Lass etwas aufblühen in deinem Leben.

In deiner Hast und Unruhe.
In deiner Sorge und Angst.
In deiner Trauer und Einsamkeit.

Was heute noch tot ist,
kann morgen schon ausschlagen.
Was heute noch Knospen hat,
kann morgen schon blühen.

Trau dem Unmöglichen.

Ich möchte dich kennenlernen.

WIE DU BIST.
WAS DICH AUSMACHT.
WIE DU DENKST.
WAS DU MAGST.

Wahrscheinlich erfahre ich dabei
auch viel über mich.

Winterbesuche

Vielleicht ist der Winter der richtige Moment, einmal den ein oder anderen Besuch in Angriff zu nehmen. Mit einer Blume unterm Arm könnte man zum Beispiel liebe Verwandte besuchen. Vielleicht nicht unbedingt die aus der nächsten Nähe – die sieht man ja häufig. Ich denke da eher an die zweite und dritte Reihe. Wie geht es eigentlich der Großtante? Was machen die Cousinen? Geht es den Großneffen gut? Solche Besuche mag ich sehr. Man erzählt oft über die alten Zeiten und erfährt dabei nicht selten etwas über seine Wurzeln. Wer mit wem verheiratet war, wo das Milchgeschäft war, wie teuer eine Kugel Eis 1960 war ... Ein wertvoller Geschichtsunterricht mit Sitz im Leben.

Taschenwärmer

Das ist in jedem Winter einmal dran: der Kauf von Maronen. Heiß und dunkel gebrannt liegen sie in der gusseisernen Pfanne auf dem Markt in der Fußgängerzone. Ihr Duft lockt mich alljährlich an und überzeugt mich.

„Eine Tüte, bitte!"

Kurz darauf folgt dann immer dieselbe Erkenntnis: Die kleinen Röstkastanien sind meist verkohlt, schwer zu pellen und mir eigentlich viel zu pelzig vom Geschmack. Aber: sie wärmen auch unglaublich gut die Hände in der Jackentasche. Na immerhin! Trotzdem ist der Kauf ein Muss. Er erinnert mich an früher und an Menschen, die mir wichtig sind. Meine Eltern und Großeltern zum Beispiel, die mir als Kind Maronen gekauft haben.

Und die Maronen erinnern mich daran, dass manchmal eine Sache einfach nur guttun muss. Nicht mehr und nicht weniger. Das ist der Grund, warum ich auch dieses Jahr wieder vor dem Stand stehen werde und mich dann sagen höre: „Eine Tüte, bitte!" Vielleicht schaffe ich es ja mal, die Maronentüte sofort in die Tasche zu stecken. Und wenn nicht: auch egal!

ES TUT EINFACH GUT!

Lebensworte

Manchmal treffen mich Worte mitten ins Herz. Ganz unerwartet bin ich dann bis auf mein Innerstes berührt und angerührt. Es sind Worte, die mich erinnern an das, was war. Sie legen längst Verschollenes frei oder beleben längst vergessen Geglaubtes. Ein Wort reicht und eine ganze Geschichte wird wieder greifbar und erlebbar. Ein Wort genügt und ich werde ein Stück mehr ich, ein Stück mehr Mensch.

GEH DOCH MAL AUF WORTSUCHE!
FINDE DEINE LEBENSWORTE!
FEIERE SIE!

EINE PRISE VOM GESTERN.

Einige Gramm Gegenwart.

Und damit gestärkt

in die Zukunft.

Genussmomente

Es gibt Rezepte, die erinnern mich so an meine Kindheit. Jeder wird so etwas kennen. Für mich ist es ja der Fanta-Kuchen. „Ein Kuchen mit Limo drin?", höre ich mich mit Kindermund noch sagen. Und seitdem begleitet er mein Leben. Ein Biss in ein Kuchenstück katapultiert mich zurück in längst vergangene Tage. Sie werden lebendig in meinem Kopf: die Kindergeburtstage und Kaffeetafeln meines Lebens. Wenn mir danach ist, krame ich mein Kinderkochbuch raus. Mittlerweile ist es über 30 Jahre alt. Dann greife ich zu Zutaten, Schüsseln und Mixer und ich stelle ihn mir her: den Geschmack meiner längst vergangenen Tage.

HIER UND DA TUT DAS GUT.
LEIB UND SEELE.
APPETITLICH!

Staunen und Freuen

Seit wir Kinder haben, ist die Zeit vor dem 1. Dezember vor allem damit verbunden, dass der Adventskalender bestückt und aufgehängt wird. Bei uns sind keine großen Werte hinter den Türchen verborgen. Ein Badezusatz, ein Schokoriegel, ein kleiner Gutschein für einen Ausflug … Unsere Kinder aber stehen jeden Morgen mit leuchtenden Augen davor und heben ihren Tagesschatz, noch bevor der Alltag in Schule und Kindergarten sie einholt.
Wir Erwachsenen müssten es doch eigentlich besser wissen, oder? Mit unserem Leben und allen seinen Möglichkeiten bekommen wir (wenn auch unsichtbar) jeden Morgen ein wunderbares Geschenk. Jeder neue Tag liegt wie solch ein Adventskalenderpäckchen vor uns und will, kann und soll von uns erobert werden.

Der Adventskalender ist eine gute Erinnerung daran. Übrigens ist ein solcher Kalender auch für ältere Menschen nicht verboten. Ich jedenfalls möchte alltäglich das Staunen und Freuen feiern.

**Hinter den Türchen
eines neuen Tages liegt,
tagein, tagaus,
das Lebensgeschenk für dich bereit.
An dieses Wundern und Freuen
sollten wir uns nie ganz gewöhnen.**

Lieblingssocken

Im kleinen Laden eines Klosters am Niederrhein steht immer ein großer Korb auf dem Tisch. Darin liegen sie: die weichsten und gemütlichsten Socken, die ich je anhatte. Gestrickt von den Ordensfrauen, trage ich sie jeden Winter. Sie halten nicht nur meine Füße warm und bewahren mich vor Erkältungen. Ich mag auch das Wissen, dass sie mit viel Liebe gestrickt sind. Auch wenn ich die Produzentin meiner Socken nicht persönlich kenne, so hat ihre Arbeit doch etwas Fürsorgliches. „Hast du warme Füße?", das war die besorgte Frage meiner Mutter in Kindertagen. Ich habe längst selbst Kinder und weiß erst jetzt, was der Satz eigentlich bedeutet: „Geht es dir gut?" Warme Füße stehen für das Wohlergehen und für eine Grundgeborgenheit, die wir alle brauchen. Egal, ob klein oder groß, jung oder alt.

Gott hat, so heißt es in der Bibel,
seinen Engeln einen
besonderen Auftrag gegeben:

**Unser Fuß
soll nicht
an einen
Stein stoßen!**

Ich will es versuchen,
solch ein Engel für andere zu sein.
Vielleicht fange ich damit an,
EIN PAAR WÄRMENDE SOCKEN
zu verschenken.

Regenagenda

- Die Fotobox sortieren
- Sockenmemory spielen
- Den Kleiderschrank ausmisten
- Einen Brief schreiben …

Dem Regen sei Dank, dass einem manchmal
solche Tage geschenkt werden.
Die Zeitfenster, die das Schietwetter eröffnet,
sind wirkliche Geschenke.

Ein Hoch auf den Regen und darauf,
dass er uns manchmal auch **BESCHENKT!**

Gemütliche Regentage

Es gibt sie im Winter: ganze Tage, die verregnet sind. Dann wird man morgens schon mit dem Geräusch des Regens geweckt, der auf die Fensterbank und vor die Scheiben prasselt. Wie geht es dir? Ist deine Stimmung dann direkt im Eimer? Ich kenne es auch andersherum. Besonders dann, wenn ich keine Termine habe und nicht vor die Türe muss, tut mir ein solcher Tag manchmal sehr gut. Das ist nicht erst so, seitdem die Streamingdienste und Mediatheken genügend Unterhaltung direkt ins Wohnzimmer liefern.

So ein Regentag motiviert mich zu Dingen, für die ich vielleicht an keinem anderen Tag den Hintern hochbekommen würde.

Winterluft

Was mich vorm Winterspaziergang scheuen lässt, das sind die Vorbereitungen. Warme Wäsche, Jacke, Schal, Mütze ... vielleicht sogar noch Handschuhe. Es dauert seine Zeit, bis man startklar ist. Mit kleineren Kindern wird dieses Unterfangen noch aufwendiger und nicht selten nervenaufreibend. Aber dann! Wenn alle Vorbereitungen getroffen sind, kann es losgehen. Am liebsten mag ich es, wenn es richtig klar und knackig kalt ist. Ich erinnere mich an eine Aussage meiner Eltern. „Schlechtes Wetter", so sagten sie, „gibt es nicht. Nur schlechte Kleidung!" Der Spruch hat sich bei mir eingebrannt und wirkt bis heute als Motivator für einen kleinen Fußmarsch durch die Winterluft.

Ich genieße in tiefen Atemzügen die kalte Luft. Sie ist genau das Gegenteil meines Raumklimas zu Hause. Die warme Stube hat durchaus auch Nachteile. Irgendwann steht die Luft im Raum. Gut, dass man sich dann einen Tapetenwechsel verordnen kann. Umso mehr freut man sich anschließend auf einen warmen Tee an der Heizung. Beides ein Muss!

Atme tief ein!
Atme kräftig aus!
Und dann erinnere dich:
Leben muss gelebt werden.
Dazu hast du die Möglichkeit!

Bitte nicht stören!

Lässt du dich gerne stören? Also im alltäglichen Trott? Dich einfach unterbrechen lassen in dem, was du gerade tust? Ich tu mich da schwer. Und trotzdem: So manch eine ungeplante Unterbrechung hat mir die wunderbarsten Momente erst ermöglicht. Der Winter selbst ist so eine Unterbrechung. Man ist quasi gezwungen, das Outdoor-Grill-Sommerfest-Programm zu unterbrechen. Und dann beschenkt uns der Winter ... immer wieder unerwartet.

Dem Störer sei Dank!

Dem Regen, der mir
andere Dinge ermöglicht.
Dem unerwarteten Besucher,
der mich mit seiner Zeit beschenkt.
Der Wartemarke an der Schlange im Amt,
die mir Zeit zum Verschnaufen gibt.
Dem Ausfall eines Termins,
der mir neue Möglichkeiten eröffnet.

Und überhaupt **dem Winter.**
Ohne ihn wäre alle Zeit „Gutwettertrubel".
Das wäre – ehrlich gesagt –
nicht auszuhalten.

DENEN, DIE ANDERS DENKEN.

Denen, die anders fühlen.
Denen, die anders sprechen
und feiern und singen.

ALL DEM ANDEREN RAUM
IN MIR GEBEN.

Die Meinung des anderen
retten wollen.

Das ist Nächstenliebe.

Nächstenliebe

Ich muss es manchmal zu mir selbst sagen. Besonders dann, wenn es mir schwerfällt. Ich kann und ich muss meinen Nächsten lieben. Das ist nicht immer leicht. Ich frage mich dann: Warum muss ich das denn überhaupt? Mein Antwortversuch: Weil ich mich selbst liebhabe, kann es mir auch bei meinen Mitmenschen gelingen. Das setzt bei mir selbst an. Und dann merke ich: Mein Blick auf mein Gegenüber ist nicht immer der beste. Erst stört mich ETWAS. Dann stört mich ETWAS AN JEMANDEM. Und am Ende stört mich nur noch JEMAND. Im Winter kann ich aus voller Seele „O du fröhliche" singen. Dort heißt es: „Welt ging verloren. Christ ist geboren!" – Ja ... dieser Jesus kann einem einiges beibringen in Sachen Nächstenliebe. Ich will es Winter für Winter versuchen, dieses Jesuskind zur Welt zu bringen in mir.

Die kleinen Dinge

Dekorierst du gerne? Oder magst du es eher schlicht? Besonders im Winter kann ich es nicht festlich genug haben. Wenn der November seine Mitte überschritten hat, einige Tage bevor der Advent beginnt, reserviere ich traditionell einen Tag für die Dekoration. Der Tag hat in etwa immer die gleiche Struktur: Zunächst wird die sperrige Treppe zum Dachboden heruntergeklappt. In der rechten Ecke des Söllers stehen die Kartons und Kisten mit der begehrten Dekorationsware. Wenn alles seinen Weg ins Wohnzimmer gefunden hat, wird Karton für Karton geöffnet und alle Dinge kommen nicht nur an die Luft, sondern kriegen auch direkt einen Platz für die nächsten Wochen zugewiesen.

Einzig die Lichterketten und Kugeln für den Weihnachtsbaum müssen sich noch etwas gedulden und bleiben zurück. „Welch Glanz in unserer Hütte!", so denke ich alljährlich und genau das tut gut. Die Winter- und Weihnachtsdeko bringt Glanz in meine Alltagsstube. An jeder Ecke und auf allen Flächen zeugen nun Engel, Kerzenleuchter, Schneekugeln und Co. von jener Botschaft, die mittlerweile über 2000 Jahre alt ist.
Ein kleines Kind brachte Glanz in einen heruntergekommenen Stall in Betlehem.
Wenn das damals gelang, dann soll das wohl auch in diesem Jahr in meinen vier Wänden möglich sein!

WIE WUNDERBAR,
WENN MAN SICH DURCH
KLEINE DINGE ERINNERN
LASSEN KANN AN DAS,
WAS WIRKLICH WICHTIG IST.

Hände frei! Licht an!

Beim Fest der heiligen Lucia am 13. Dezember schlüpft in vielen Ländern ein Mädchen in die Rolle der Heiligen. Auf seinem Kopf: ein Kranz mit brennenden Kerzen. Die Heilige ist dafür bekannt, diesen Kranz auf dem Kopf getragen zu haben, um mit ihren freien Händen die Armen speisen zu können. Was für ein tolles Bild! Da frage ich mich, womit meine Hände oft belegt sind, im übertragenen Sinne. Das Ergebnis ist manchmal ernüchternd. Zu oft sind wir eben mit Nebensächlichkeiten überbeschäftigt bis zum Anschlag. Am Ende sind wir überfordert von uns selbst, unseren Ansprüchen und unseren Prioritäten. Der Luciatag ist da ein willkommener Hinweis: Lass dein Haupt leuchten. Du bist ein Königskind! Und dann mach ab und zu die Hände frei und beschenke mit ihnen die Welt, die Menschen um dich herum und manchmal auch dich selbst. Leuchtend!

HÄNDE, DIE UMARMEN.
HÄNDE, DIE STÜTZEN.
HÄNDE, DIE STREICHELN.
HÄNDE, DIE AUFRICHTEN.
HÄNDE, DIE SCHENKEN.

Alles dabei!

Bereit zum Einsatz.

„Jauchzet! Frohlocket!
Auf, preiset die Tage!"

Johann Sebastian Bach hat recht!
Das Heute, der Tag, die Stunde
das Jetzt sind zu preisen.

„Lasset das Zagen,
verbannet die Klage"

FÜR HEUTE WILL ICH ES VERSUCHEN
UND IN DEN TAG RUFEN:

**„Freut euch!" –
Es lohnt!**

Musikalisches Vergnügen

In Bachs Weihnachtsoratorium gibt es eine wunderbare Stelle. Dort heißt es im Eingangschor: „Jauchzet! Frohlocket!" In barocker Pracht schwingen sich schon im ersten Stück das Orchester und der Chor zu Höchstleistungen auf. Es braucht diese Botschaft in unsere Wintertage hinein. Wir sind nicht zum Trauerkloß bestimmt. Menschen brauchen die Begeisterung und das Jauchzen. Das Frohlocken ist uns wahrscheinlich als Begriff fremd. Trotzdem tut es gut. Froh sein, ausgelassen sein, vergnügt sein. Das tut im Winter besonders gut. Und wenn die Weihnachtsbäume abgeschmückt sind, sollte sich diese Stimmung in den Restwinter retten. Vielleicht holst du dir Inspiration in diesem wunderbaren Stück aus der Feder von Vater Bach?

Wunschzettel

Versuchen wir es doch einmal. Der Wunschzettel von Kindern erfüllt ja nicht allein den Zweck, die Wünsche festzuhalten. Oft ist das Erstellen dieses adventlichen Schriftstückes eine Art Denk-Schreib-Aufgabe. Als Kind haben wir vorher oder beim Schreiben genau abgewogen, was darauf soll. Bei mir selbst gab es immer einige Versionen, bis der endgültige Wunschzettel fertig war. Es lohnt sich, einen solchen Zettel hin und wieder anzufertigen – nicht nur, aber auch im Advent.

WAS WÜNSCHST DU DIR WIRKLICH?

WISH LIST

1

2

3

4

5

Nimm dir Zeit.

Ob im Advent oder mitten im Jahr.

Suche nach deinen Wünschen.

Frage nach dem, was dir fehlt.
Frage nach dem, was du brauchst.
Frage nach dem, was dir guttut.
Frage nach dem, was du an dir vermisst.
Frage nach dem, was du an deinen Lieblingsmenschen vermisst.

Nimm dir einen Zettel.
Weiß und leer.

Schreib alles auf.
Falte ihn zusammen.
Lege ihn in deinen Nachttisch.
Nimm ihn ab und zu hervor.
Vergleiche die Wünsche mit
deinem Jetzt.
Verändere ihn hier und da.
Lerne das Wünschen und lebe
die Veränderung.

Wünschen hilft!

Eine kleine Teezeremonie

Die kalte Jahreszeit ist für mich auch immer die Zeit für Teegenuss. Im Sommer brauche ich Tee eher aus medizinischen Gründen. Die Kamille für den Magen, die Pfefferminze bei der Erkältung. Der Winter eröffnet mir die wirkliche Genussdimension beim Tee. Jetzt mache ich gerne eine richtige kleine Teezeremonie. Dafür kommen die guten Teetassen auf den Tisch, das Stövchen und die Teekanne. Dafür nehme ich mir Zeit. Komisch: die hätte ich ja auch im Sommer, oder? Meine Erkenntnis daraus lautet:

DER WINTER SCHENKT MIR IMMER WIEDER ZEIT.

Investition:

Dinge zu tun, die zweckfrei sind –
aber nicht sinnlos.

Das
Unverzweckte
macht das Leben
lebenswert
und damit sinnvoll.

„Singe, wem Gesang gegeben" –
und da jeder Mensch eine Stimme hat,
ist auch jedem der Gesang geschenkt.

**LAUT UND LEISE.
ZAGHAFT UND MUTIG.
RICHTIG UND FALSCH.**

Aber das sind nicht die Kategorien,
in denen das Herz musiziert.

Summen und singen

Singst du noch zu Hause? Zugegeben: Das kann anfangs natürlich peinlich sein. Besonders dann, wenn man bisher nur für den Hausgebrauch vor sich hin gesummt hat. Nun ist es Winter. Die Palette der Lieder ist groß: Der eine singt „Jingle Bells" und jemand anderes singt „Stille Nacht!" Und dann singt wer: „Es ist ein Ros entsprungen" und der nächste „Last Christmas" – und alle lachen. „Das Lied kann ich nicht mehr hören!", sagt jemand. „Und trotzdem darf es irgendwie nicht fehlen", sagt der andere.

Einfach mal so dasitzen

In aller Betriebsamkeit und Unruhe unseres Alltags ist es fast schon exotisch, wenn jemand bekennt: „Ich mache gerne mal nichts!" In Familie, Beruf und Freizeit ist heute alles durchgetaktet, nach dem Motto: „Wer rastet, der rostet!" Bloß nicht anhalten! Bloß nicht innehalten! Bloß nicht Atem holen! Im Winter jedoch hat man Zeit zum Müßiggang, so sollte man meinen. Draußen ist es dermaßen kalt und nass, dass man nicht das Gefühl hat, etwas zu verpassen. Vieles geht langsamer und eine gewisse Grundgemütlichkeit setzt ein. Ich lasse mich davon gerne anstecken. Ich mache es mir im Sessel gemütlich. Ich sortiere keine Rechnungen. Ich plane keine neuen Konzepte für meine Arbeit. Ich mache mir keine Gedanken um die nächsten Freizeitaktivitäten. Ich überlege nicht, wohin im nächsten Sommerurlaub die Reise gehen könnte.

Diese Zeit ist zweckfrei, aber nicht sinnlos. Solche Zeiten des Nichtstuns und Nichtsdenkens sollte man eigentlich regelmäßig und viel öfter für sich einplanen. Der Winter liefert mir alljährlich das richtige Ambiente für solche „Nichtstun-Experimente". Ich gönne sie mir! Auch wenn ich mich im Frühjahr immer wieder über ein paar Kilos Winterspeck ärgere ... das ist es mir wert!

ICH SITZE AUCH WEITERHIN AB UND AN EINFACH NUR SO DA!

Unter dem Mistelzweig

Sich unter dem Mistelzweig zu küssen, das soll Glück bringen. Hängst du einen auf? Keine Frage: Wenn dem so ist, küsst man trotzdem nicht einfach jeden, der daruntersteht. Vielleicht probierst du es trotzdem einmal. Du musst ja nicht sofort zum Küssen übergehen. Vielleicht erinnert einen der Blick auf den Zweig auch daran, sich schöne Dinge zu sagen. Einfach so. Dem Nachbarn, der Paketbotin, dem Mitarbeiter der Stadtwerke ... Unter dem Mistelzweig kann man es ja mal versuchen: „Du bist toll!" – Das tut jedem gut.

Überrasche die Menschen
hier und da mit
DANKBARKEIT.
Für ganz alltägliche Dinge.
Für all das, was sie selbst
als „das Selbstverständliche"
bezeichnen würden.
Das kleine Wort „Danke"
lässt jeden wachsen.
Seine Botschaft:

**„Du bist gut mit dem,
was du bist und tust!"**

DAS WUNDER
ist nicht weit weg von dir.

Es schlummert in seinem Versteck.
Vor deiner Türe.
Gleich hinter der nächsten Ecke.
Im kleinen Wäldchen in der Nachbarschaft.
Im Sternenhimmel über dem Feld.

Du solltest an Wunder glauben
und sie suchen.

Es lohnt.

Winter-Entdecker

Eine Tradition wurde bei uns neu begründet: Der Winter hält uns nicht mehr davon ab, auch bei Kälte im Garten mit Freunden zusammen zu sein. Wir treffen uns zu einem Lagerfeuer und einem Glühwein mit lieben Freunden unter freiem Himmel. Das ist ein Event für die ganze Familie. Das Holz wird geschichtet und entzündet und der heiße und duftende Glühwein oder Winterpunsch wärmt in den Bechern und Tassen die Hände und später den Körper. Ohne diese Unterbrechung wären wir wahrscheinlich auf der Couch kleben geblieben. Vielleicht brauchen wir im Winter hier und da solche Open-Air-Momente. Der Winter liefert viel mehr Möglichkeiten, als wir auf den ersten Blick sehen. Viele von ihnen liegen aber außerhalb des Wohnzimmerradius. Ich mag Winter-Entdecker sein und die Augen aufhalten. Wagen wir mehr Open-Air-Kultur.

O du schöne Plätzchenzeit

Spekulatius, Vanillekipferl, Zimtsterne, Kokosmakronen oder einfache, aber schön dekorierte Butterplätzchen – Advent und Weihnachten ohne Plätzchen, das wäre nicht denkbar! Sobald das erste Blech im Ofen ist, strömt ein himmlischer Duft aus der Küche hinaus in alle Räume des Hauses. Kurz vor Weihnachten ist es sicher die beste Gelegenheit, die letzten Keksdosen doch noch mit frisch gebackenen Keksen und Plätzchen zu füllen. Vielleicht sind die zu Beginn der Adventszeit gebackenen Exemplare auch schon längst wieder verputzt. Ich backe sehr gerne Plätzchen. Hier und da passiert es sogar außerhalb der Dezemberwochen.

Das Backen von Plätzchen oder Keksen ist viel mehr als die rein pragmatische Herstellung von Nahrung. Wer Kekse backt, zelebriert dies. Es hat durchaus etwas Ritualisiertes. Wenn ich das nächste Mal Plätzchen backe, will ich die Zeit auch nutzen, um über die Rituale im Alltag nachzudenken. In so vielen Dingen steckt ein Mehrwert. Denken wir nur an den Sonntagsbraten, der mit viel Liebe am Vorabend angebraten wird.

LEBEN UND GENIEẞEN WIR MIT ALLEN SINNEN!

Glanzvolle Alltagshelfer

Die Engelfigur neben dem Telefon.
Der Lichterbogen, der sich zwischen mich
und den Alltag stellt.
Der Kerzenleuchter, der neben den
Homeoffice-Unterlagen von Wichtigem berichtet.
Der Stern, der über der Türe hängt und allen sagt:
Willkommen!

**WELCH WUNDERBARE ZEICHEN,
DASS GOTT SICH UNS NÄHERT.**

Weihnachten hatte schon immer
mit den SINNEN zu tun –
auch daran kann mich ein solches
Sinnesfeuerwerk erinnern.
Der Stallgeruch,
der Wohlgeruch des Weihrauchs,
der Glanz des Sterns über dem Stall,
das Licht des Engels …
das alles ist sinnenträchtig
bis zum GEHTNICHTMEHR.

Sinnesfeuerwerk

Ob man den Trubel und Rummel nun mag oder nicht: Der Weihnachtsmarkt gehört zum Advent irgendwie dazu. Klar, Rostbratwurst und gebrannte Mandeln sind nicht alles und die Botschaft von Weihnachten ist viel mehr als das. Aber ganz ohne Weihnachtsmarkt? Das geht auch nicht. So schlendern auch wir mindestens einmal in der Adventszeit durch eine weihnachtliche Budengasse, meistens mit lieben Freunden. Ich glaube, es sind vor allem die Gerüche, die einen solchen Besuch für mich unverzichtbar machen. Die braun gebratene Rostbratwurst, der Anisgeruch des Bonbonstandes, die gebrannten Mandeln …

DAS ALLES IST EINE WOHLTAT
FÜR DIE NASE.

Hoffnung kochen

Ein typisches Wintergericht – nicht nur am Niederrhein und in Westfalen – ist der Grünkohl. Ich mag ihn „untereinander", also mit Kartoffeln zusammen, einer guten Mettwurst und natürlich mit Senf. In den Winterwochen werde ich immer wieder einmal zu einem sogenannten Grünkohlessen eingeladen.
Neben den delikaten Aspekten tut es einen weiteren guten Dienst. Es führt Menschen in einer Jahreszeit zusammen, in der man sonst eigentlich auch gerne eingemummelt vor dem Kamin bei sich ist. Das gemeinsame Essen tut gut. Winter für Winter. Grün, so sagt man ja, ist die Hoffnung. Der Grünkohl ist es dann auch irgendwie.

Im kalten und grauen Winter bringt Grünkohl nicht nur Farbe auf den Tisch, sondern auch Menschen zusammen. Das macht wieder Lust auf den Frühling und den Sommer. Aber jetzt erst mal: Hoffnung kochen ... und gemeinsam essen.
Ich mag es, gemeinsam Hoffnung zu teilen. Die Hoffnung auf bessere Zeiten.
Die Hoffnung auf gemeinsame Erlebnisse. Die Hoffnung auf eine gute Zukunft.

Geteilte Hoffnung
wird nämlich größer.
Das lässt hoffen!

Zeit für Geschichten

Wenn es Winter wird, ist auch endlich mal wieder Zeit, in Ruhe zu reden. Und zwar nicht nur oberflächlich und nebenbei, wie etwa beim Grillfest oder bei der Gartenparty. Nicht selten ertappe ich mich in der dunklen Jahreszeit dabei, die Geschichten von früher zu erzählen. Sie sind tief eingebrannt in mir ... ganz hinten auf der Festplatte. Und: sie sind verbunden mit Menschen. Viele von ihnen leben schon lange nicht mehr. Die Urgroßmutter und ihr Apfelmus, der Opa und seine Begabung, alles reparieren zu können. Der Onkel und sein großes Herz ... Eine endlose Liste von besonderen Menschen taucht plötzlich auf, wenn ich darüber nachdenke.

Weißt du noch, die Oma?
Weißt du noch, wie damals der Vater …?
Erinnerst du dich noch an …?

Lasst uns diese Geschichten erzählen!

SIE SCHRIEBEN GESCHICHTE,
DIE UNS BIS HEUTE TRÄGT.

Immergrün

In den letzten Jahren meine ich beobachten zu können, dass die Tannenbäume immer früher in die Wohnzimmer Einzug halten. Durch manch ein Zimmerfenster leuchtet und glitzert es bereits Anfang Dezember. Ich frage mich dann, ob der Prachtbaum nicht schon an Weihnachten ohne Nadeln dasteht. Ich halte es lieber traditionell. In der letzten Adventswoche führt unser Weg zur Baumschule am Ortsrand und unser Baum wird ausgesucht. Er lagert dann noch einige Tage auf der Terrasse, bis er seinen Weg ins Wohnzimmer findet, wo er ins Licht gesetzt und geschmückt wird

Die Botschaft des Baumes hat dann Zeit, meine Winterwohnung bis mindestens zum 6. Januar zu erfreuen. Die grünen Blätter des Baumes künden einmal mehr:

DAS LEBEN IST NICHT TOTZUKRIEGEN. DIE HOFFNUNG IST SOZUSAGEN FROSTRESISTENT UND IMMERGRÜN.

Was für ein trostreiches Zeichen, wo ich viel zu oft und viel zu früh die Hoffnung aufgebe in meinem Leben. Dann stimmt auch die Liedzeile: „O Tannenbaum, o Tannenbaum! Dein Kleid will mich was lehren!“ Ich kann es kaum glauben, aber ich lerne also bei einer Nordmanntanne. Ungewöhnlich! Aber es hat was!

Bauvorhaben

Maria, Josef, Jesus. Eine Schafherde mitsamt Hirtenfamilie. Drei Weise, ein Kamel. Der Engel und natürlich Ochse und Esel. Ich bin Krippenfan seit den Tagen meiner Kindheit, als mir das Christkind Jahr für Jahr eine weitere Figur unter den Tannenbaum legte. So steht unsere Krippe alljährlich auf einer beachtenswerten Fläche neben dem Baum und erzählt die große Geschichte von Gott, der Mensch wurde. Das Aufbauen ist mittlerweile für die ganze Familie ein beliebtes Ritual. Zweige schneiden, Wege streuen, Moos und Wurzeln dekorieren. „Wir machen es dem Jesuskind bei uns zu Hause gemütlich", so sagte mal unser Sohn. Genau das ist die Botschaft von Advent und Weihnachten. Das ist die große Aufgabe, Winter für Winter. Natürlich ist das eine sehr kindliche Denkweise. Das gebe ich gerne zu! Aber: Manchmal müssen wir vielleicht für kurze Zeit von unserem aufgeklärt-sachlichen Erwachsenenblick lassen. Dann können wir etwas aufbauen, was den Kern der Botschaft wirklich zeigt. Genau wie bei der Krippe.

Maria bringt das Kind zur Welt.

Josef trägt das mit.
Die Hirten bringen uns das Staunen bei.
Der Engel überschlägt sich vor Freude.

Großes Kino.

In unserem Wohnzimmer …
… wenn wir daran bauen und arbeiten
und es am Ende auch zulassen.

Etwas aufsteigen lassen

Die sogenannten Raunächte oder Rauchnächte, so sagt es eine Definition, haben ihren Namen von der Beweihräucherung der Ställe durch einen Geistlichen oder die Bauern selbst in den zwölf Tagen nach Weihnachten. Vom 25. Dezember bis zum 6. Januar wurde dieses Ritual durchgeführt. Auch wenn ich weder Vieh noch Stall habe: Ich mag diese Abende und Nächte am Ende und Anfang des Jahres. Sie haben etwas Verbindendes. Ihre Botschaft: Alles ist im Fluss. Es geht weiter, immer weiter. Und diesem Anfang, aber auch dem Ende, wohnt wirklich ein Zauber inne. Ich mag auch das Bild, dass der Bauer mit dem Weihrauch seine Nächte des Jahresumbruchs weiht, alles, mit dem er seine Zukunft weiter gestalten kann.

Der Weihrauch hüllt alles in Wohlgeruch und steigt dann nach oben. Dieses alte Zeichen hat schon König David so fasziniert, dass er in einem seiner Psalmen schrieb: „Wie Weihrauch soll unser Gebet vor Gott aufsteigen.“ Was für ein kleines und doch mächtiges Zeichen! Ich besorge mir manchmal etwas von diesem Weihrauch und lege ihn auf eine glühende Kohle. Mit dem aufsteigenden Rauch schicke ich meinen Alltag nach oben und alles, was mich ausmacht. Ich bin darauf angewiesen, dass ich zusammen mit Gottes Hilfe etwas daraus machen kann.

12 Tagesbitten

1. Dass ich nicht müde werde, neu anzufangen.
2. Dass ich die Hoffnung nicht verliere.
3. Dass ich anderen ein Trost sein kann.
4. Dass ich mich nicht selber verliere.
5. Dass ich verrückt bleibe.
6. Dass ich die Liebe nicht vergesse.

7. Dass ich mir etwas gönnen kann.
8. Dass ich in der Trauer nicht untergehe.
9. Dass ich die Neugierde neu übe.
10. Dass ich auf die Freude setze.
11. Dass ich dankbar bin.
12. Dass Gott bei allem dabei ist.

Segen teilen

Uralt diese Sätze, die so beginnen: „Der Herr segne dich." – Mit diesem kleinen Satz ist so Großes gesagt. ER, der große Gott, soll auf mein kleines Leben schauen. Auf alles, was ich tue. Auf das, was gelingt. Auf das, was scheitert. Auf das, was ich mein Leben nenne und wie ich es gestalte. Segen über allen Begegnungen und auch in allen Wünschen und Sehnsüchten. Dieser Segen ist immer reichlich da. Wir können ihn ruhig teilen. Er verbraucht sich nicht!

DER HERR SEGNE DICH.
DER HERR BEHÜTE DICH.
DER HERR SCHAUE VOLL LIEBE AUF DICH.
ER GEBE DIR LEBEN IN FÜLLE.

Weihrauchwunder

Viele wissen es nicht: Weihrauchkörner, die so wunderbar duften, sind gehärtete Wunden. Um sie zu ernten, muss man im Orient harzende Bäume anschneiden und gewinnt so die wohlriechenden Harze, wenn man sie trocknet. Sie entfalten ihren wunderbaren Duft, sobald man sie erhitzt.

DIESER DUFT UND DER AUFSTEIGENDE RAUCH BERÜHREN SEIT URZEITEN DAS HERZ DER MENSCHEN.

Das Aufsteigen der Rauchschwaden nimmt unsere Gebete und Anliegen mit ... himmelwärts. „Unser Beten soll zu Gott aufsteigen wie der Weihrauch", so hat schon König David in der Bibel gesungen.

Es ist besonders: Dieser Anblick und sein Geruch, sie können trösten und Kraft spenden. Wunden können sich verwandeln in Kraft und Mut, in Zuversicht und Hoffnung. Das ist auch eine Botschaft des Weihrauches, der ja selbst durch Verwundung entstanden ist. Wunden, die zu Gebeten und Wünschen, zu Dank und Bitte werden. Das ist dufte.

IM WAHRSTEN SINNE DES WORTES.

Sieh dir das Weihrauchkorn an.

Getrocknetes Harz.
Gewonnen durch die Verwundung
eines Baumes.

Sieh dir dein Leben an.

Verwundet von den Wegen des Alltags.

Nun bring beides zusammen.

Und der Weihrauch steigt auf.
Mit ihm: Sorgen und Ängste.
Trauer und Hoffnung. Dank und Bitte.

Es kann dir also gelingen:

Selbst in der Verwundung
den Duft des Lebens zu spüren.

Das tröstet.
Und was tröstet,
das tut gut!

Das Vergangene und das Neue

Der Baum steht. Aber, er steht noch. Die Stimmung ist noch in den Räumen, aber wir wissen: Bald kommt das große Reinemachen und es folgen winterliche, lange und dunkle Tage, bevor der Frühling es wieder heller werden lässt. Zwischen den Jahren ist eigentlich immer eine gemütliche Zeit. Die Weihnachtstage sind rum und wir warten auf das neue Jahr. Wir laden Freunde ein. Wir zünden Kerzen an. Wir hören Musik, wir lesen Bücher oder schauen Filme. Aber diese besondere Zeit lädt uns auch dazu ein, uns bewusst aus dem Alltagstrubel zurückzuziehen.

In langer Tradition sind die Raunächte eine Zeit der Besinnung, um innezuhalten und zurückzublicken: Was ist mir in diesem Jahr gelungen? Was blieb erfolglos? Was hat mich überrascht? Wo bin ich über mich hinausgewachsen?
Zugleich ist es aber auch eine Zeit, um auf das kommende Jahr zu schauen: Was wünsche ich mir? Wovon träume ich? Was soll kommen? Was muss sich ändern? Was packe ich an?
Sich einfach die Zeit nehmen, um nachzudenken über das Vergangene und das Neue. Das ist die eigentliche Magie dieser besonderen Nächte zwischen Weihnachten und dem Dreikönigstag. Den langen, dunklen Nächten halten wir das Licht der Weihnacht entgegen und nicht zuletzt auch unseren Mut, unsere Zuversicht und unser Vertrauen. Das neue Jahr wird sicher wieder ein Anno Domini – ein Jahr des Herrn. Und wir? Nicht verloren! Na, Gott sei Dank!

Die Nächte feiern …

Im Danach

Nach all dem Vergangenen.
Nach all dem Erledigten.
Nach all der Zeit.

Im Davor

Vor allem Kommenden.
Vor allen Herausforderungen.
Vor aller Zukunft, die immer noch offen ist.

Das Dazwischen feiern.

Zwischen den Jahren.
Zwischen den Festen.

Inmitten der rauen Nächte.
Das alles im Herzen.

UND NOCH VIEL MEHR IN DER ZUKUNFT!

Lachschaden

Freunde schickten mir im letzten Jahr eine Karte mit Neujahrswünschen. Darauf stand: „Lachschaden" – und davor ein durchgestrichenes D, das durch ein L ersetzt war. Klar: Einen Dachschaden hätte ich mir für ein frisches und junges Jahr nicht gerne wünschen lassen. Aber dieses Wortspiel gefiel mir. Nun ist der Winter auch die Zeit des Karnevals. Ob man sie mag, die fünfte Jahreszeit, das ist jedem selbst überlassen. Ich mag es hier und da, mich in das bunte Treiben zu begeben. Aber: Ich lache auch im Alltag gerne. Am liebsten mit anderen Menschen. „Man kann alles im Leben ernst nehmen", sagte mal jemand, „aber es ändert sich trotzdem nichts. Also kann man auch lachen!" – So verstanden, mag ich diesen Wunsch. Ich wünsche mir und allen meinen Lieben diesen leichten Lachschaden von ganzem Herzen. Besonders dann, wenn es in allem Schlamassel nicht zum Weinen reicht.

SCHON EIN KLEINES LACHEN
KANN ETWAS VERÄNDERN!

Glaubst du nicht?

Probiere es mal aus!

Ich vertraue darauf:

Ich stehe unter einem guten Stern.
Was für ein Fundament!
Darauf kann ich aufbauen.

Sternverliebt in den Fragen meines Lebens.

**Sternbewegt,
weil ich behütet bin.**

Dem guten Stern folgen

Am 6. Januar eines jeden Jahres ist es so weit: Überall auf der Welt gedenkt man der Weisen aus dem Morgenland. Bald nach der Geburt Jesu haben sich einige Sterndeuter auf den Weg in die bedeutungslose Stadt Betlehem gemacht, so wird es im Matthäusevangelium erzählt. Dort fanden sie, was sie so sehr suchten: ein Kind in einer Krippe. Ein mächtiger Stern soll ihnen den Weg gezeigt haben. Ob das alles genau so passiert ist? Ich weiß es nicht! Am Ende ist es wahrscheinlich auch nicht ausschlaggebend und wichtig. Mir stellt das Fest der Heiligen Drei Könige alljährlich einige wichtige Fragen: Welchem Stern folge ich eigentlich in meinem Leben? Was gibt mir Orientierung und Halt? Was ist das Fundament, auf dem ich stehe?

Was die Weisen aus dem Morgenland zum Ziel führte, war vor allem ihr Vertrauen. Sie konnten diesem Stern trauen und vertrauen. So eine gute Orientierung wünsche ich mir auch für mich. Dann stehe ich wirklich unter einem guten Stern!

Energie-Nachschub

Am 2. Februar, also 40 Tage nach Weihnachten, feiert die Kirche das Fest der Erscheinung des Herrn, im Volksmund „Maria Lichtmess“ genannt. Wahrscheinlich ist zu diesem Zeitpunkt in den allermeisten Wohnungen und Häusern, aber auch auf allen Straßen der Weihnachtsschmuck bereits seit Wochen verschwunden. Mag sein, dass der Alltagstrott sich längst wieder eingestellt hat und die nasskalten Wintertage bis zum ersten Frühlingstag sich für die meisten zäh ziehen. Maria Lichtmess ist für mich ein besonderer Wohlfühltag. Warum das so ist?

Dieser Tag erinnert mich in allem Alltäglichen daran, dass vor noch nicht allzu langer Zeit ein Fest die Kraft hatte, diesen Trott zu unterbrechen und aufzuhellen.

Weihnachten hatte bisher jedes Jahr diese Wirkung auf mich. Eigentlich, so glauben wir ja, müsste dieses Fest so viel Kraft und Energie haben, dass es das ganze Jahr hindurch leuchtet. Dass dies keineswegs immer so ist, kenne ich auch aus eigener Erfahrung nur zu gut. Maria Lichtmess heißt ja eigentlich „Darstellung des Herrn". Ein kantiger Begriff. Aber er besagt auch:

JESUS, DER AN WEIHNACHTEN MENSCH WURDE, LÄSST SICH ÜBER DAS GANZE JAHR GUT BEI MIR DARSTELLEN. DESWEGEN FEIERE ICH AM 2. FEBRUAR NOCH MAL WEIHNACHTEN.

Vielleicht finde ich in meinem Süßigkeitenversteck sogar noch einen Schokonikolaus oder ein paar Dominosteine. Wenn nicht: auch egal. Jedenfalls genieße ich das Gefühl von „O du fröhliche" auch noch im Februar.

Abbildungen: Abbildungen: © LenLis · SENRYU · StockArtRoom · saltoli · KatyaKatya · _Julia_red · Viktoriia · Honyojima · miobuono · cottidie · Trueffelpix · Sergii Pavlovskyi · Salnikova Studio · Lissetia · Marina Zlochin · Good Studio · lilett · Karolina Madej · WinWin · Oksana · Мария Василенко · ira11998877 · Olesia_g · TALVA · sabelskaya · Olya_Ko · Oxi An – stock.adobe.com